Simon Bransch

Schriftliche Unterrichtsplanung zum Thema Wasser in Klasse 1

Schwimmen und Sinken

GRIN Verlag

Bibliografische Information der Deutschen Nationalbibliothek:

Die Deutsche Bibliothek verzeichnet diese Publikation in der Deutschen National-
bibliografie; detaillierte bibliografische Daten sind im Internet über http://dnb.d-
nb.de/ abrufbar.

Impressum:

Copyright © 2013 GRIN Verlag GmbH
Druck und Bindung: Books on Demand GmbH, Norderstedt Germany
ISBN: 978-3-656-45845-6

Dieses Buch bei GRIN:

http://www.grin.com/de/e-book/230012/schriftliche-unterrichtsplanung-zum-thema-
wasser-in-klasse-1

BEI GRIN MACHT SICH IHR WISSEN BEZAHLT

- Wir veröffentlichen Ihre Hausarbeit,
  Bachelor- und Masterarbeit

- Ihr eigenes eBook und Buch -
  weltweit in allen wichtigen Shops

- Verdienen Sie an jedem Verkauf

**Jetzt bei www.GRIN.com hochladen
und kostenlos publizieren**

GRIN - Your knowledge has value

Der GRIN Verlag publiziert seit 1998 wissenschaftliche Arbeiten von Studenten, Hochschullehrern und anderen Akademikern als eBook und gedrucktes Buch. Die Verlagswebsite www.grin.com ist die ideale Plattform zur Veröffentlichung von Hausarbeiten, Abschlussarbeiten, wissenschaftlichen Aufsätzen, Dissertationen und Fachbüchern.

Besuchen Sie uns im Internet:

http://www.grin.com/

http://www.facebook.com/grincom

http://www.twitter.com/grin_com

Zentrum für schulpraktische Lehrerausbildung Mönchengladbach
Seminar für das Lehramt an Grundschulen

Schriftliche Unterrichtsplanung zum fünften Unterrichtsbesuch
im Fach Sachunterricht

Datum:
Uhrzeit: 08:00 Uhr bis 08:45 Uhr
Schule:
Klasse/Lerngruppe: 1

Ausbildungslehrer/in:
Ausbildungsbeauftragte/r:
stellvertretende/r Schulleiter/in:

Seminarausbilder/in in Sachunterricht:
Weitere Seminarausbilder/innen:

Thema des übergreifenden Zusammenhangs:
"Rund ums Wasser" - Experimenteller Umgang mit dem Element Wasser

Thema der Stunde:
Versuche mit Wasser - Wir werden Wasserforscher und untersuchen unsere
Forscherfrage "Was schwimmt und was sinkt?"

Ziel/ Lernaufgabe der Stunde:
Die Schüler[1] entdecken in kooperativen Gruppen, dass Materialien im Wasser
entweder schwimmen oder sinken können, je nachdem ob sie schwerer oder leichter
als Wasser sind. Dazu führen Sie einen Versuch mit den dafür bereitgestellten
Materialien durch. Ihre Ergebnisse dokumentieren sie im Versuchsprotokoll und in
ihrem Lerntagebuch "Wasser".

---

[1] Im Folgenden sind mit dem Begriff *Schüler* im Allgemeinen sowohl männliche als auch weibliche Personen
gemeint.

Einordnung der Stunde in den übergreifenden Zusammenhang

1. Planungseinheit

"Wasser - Was wir schon darüber wissen."

Die Schüler haben die Möglichkeit, ihr Vorwissen zum Thema Wasser zu aktivieren, indem sie Fragen, Wissen und Vermutungen äußern und aufschreiben. Darüber hinaus sammeln die Schüler Wörter "rund ums Wasser" auf einem "Tropfenplakat".

2. Planungseinheit

"Ich arbeite wie ein Forscher!"

Die Schüler schlüpfen in die Rolle von Wasserforschern und erhalten so die Möglichkeit, naturwissenschaftlichen Phänomenen auf den Grund zu gehen. Dabei haben sie die Möglichkeit, ihre Kompetenzen der Methode des Experimentierens und deren Ablauf zu erweitern.

3. Planungseinheit

"Kann Wasser sich verändern? - Eis, Wasser, Wasserdampf"

Die Schüler gehen forschend der Frage nach, ob Wasser sich verändern kann. Sie lernen die Zustände Eis, Wasser und Wasserdampf kennen und können die Begriffe-Paare schmelzen/gefrieren und erhitzen/verdampfen erkennen und einordnen.

4. Planungseinheit

"Versuch mit Wasser 1: Wiegt Wasser etwas?"

Die Schüler entdecken selbständig und erfahren, dass Wasser Gewicht hat, indem sie unterschiedliche Mengen Wasser abmessen und mit einer Waage abwiegen.

5. Planungseinheit

"Versuch mit Wasser 2: Was schwimmt, was sinkt?"

Die Schüler entdecken selbständig und erfahren, dass verschiedene Materialien entweder leichter oder schwerer sind als Wasser und demnach entweder schwimmen oder sinken können. Dazu führen sie in Gruppen einen Versuch durch.

6. Planungseinheit

"Versuch mit Wasser 3: Was löst sich in Wasser auf und was nicht?"

Die Schüler entdecken selbständig und erfahren, dass es Stoffe gibt, die sich in Wasser auflösen können und andere wiederum nicht, indem sie verschiedene Stoffe mit Wasser in Verbindung bringen.

7. Planungseinheit

"Versuch mit Wasser 4: Hat Wasser Kraft?"

Die Schüler entdecken selbständig und erfahren, dass Wasser die Eigenschaft besitzen kann, etwas anzutreiben und somit Kraft besitzt, indem sie in Gruppen ein Wasserrad bauen.

8. Planungseinheit

"Versuch mit Wasser 5: Wo kommt Wasser durch und wo nicht?"

Die Schüler entdecken selbständig und erfahren, dass verschiedene Materialien wasserundurchlässig oder wasserdurchlässig sein können. Dies überprüfen sie durch einen Versuch. Auch können sie verschiedene Möglichkeiten kennenlernen, um Materialien, die wasserdurchlässig sind, wasserundurchlässig zu machen.

9. Planungseinheit

"Wofür brauchen wir Wasser?"

Die Schüler entdecken selbständig und erfahren, dass Wasser lebensnotwendig ist, indem sie in Gruppen verschiedene Versuche durchführen.

11. Planungseinheit

"Wie nutzen wir Menschen die Eigenschaften des Wassers?"

Die Schüler wiederholen die verschiedenen Eigenschaften des Wassers und stellen Vermutungen darüber an, wie Wasser von uns Menschen genutzt werden kann. Hierzu erstellen sie eine Collage auf der sie ihre Erkenntnisse rund um das Thema Wasser festhalten.

Begründungen:

1. Bezüge zur Lebenswirklichkeit und Einordnung in den übergreifenden Zusammenhang

Wasser als Element ist allgegenwärtig. Ob als Regen, der zu Boden fällt oder als Flüssigkeit, die wir zu uns nehmen. Ob als Wasser, mit dem wir uns reinigen oder als See oder Meer, in dem wir schwimmen. Wasser und der Umgang damit stellt einen Großteil des täglichen Lebens der Schüler dar, obwohl es ihnen oft nicht bewusst ist. Viele Schüler besitzen durch den Alltag inhaltliche Vorkenntnisse zum Wasser, beispielsweise zu den unterschiedlichen Aggregatzuständen. Über Wasser etwas zu lernen bedeutet auch Experimente durchzuführen, damit Wasser mit allen Sinnen erfahrbar wird. Dies möchte ich mit dieser Unterrichtsreihe erreichen.

Anknüpfend an die Einführungsstunde, bei der die Schüler die Möglichkeit hatten, ihr Vorwissen zu aktivieren, indem sie Fragen, Wissen und Vermutungen äußerten und aufschrieben, steht im Fokus der Unterrichtsreihe das Experimentieren als wissenschaftliche Methode der Erkenntnisgewinnung. Den Schülern ist das Experimentieren nicht neu, jedoch wurde die Methode erst in der vorhergehenden Unterrichtsreihe eingeführt.

Die Unterrichtsreihe versteht sich somit als Reihe zur Kompetenzerweiterung auf fachlicher Ebene auf der einen Seite, wie auch auf methodischer Ebene, durch die Einführung einer wissenschaftlichen Erkenntnisgewinnung durch ein Experiment auf der anderen Seite.

Nachdem zunächst das Experimentieren und dessen Phasen vorgestellt und wiederholt wurden, haben die Schüler die Möglichkeit durch selbständiges Experimentieren nach und nach ihre Forscherfragen zum Thema Wasser zu beantworten. Die zu entdeckenden Eigenschaften von Wasser werden der Reihe nach erarbeitet. Das bedeutet, dass zunächst ein Bewusstsein dafür geschaffen wird, dass Wasser ein Stoff ist, der mit den Sinnen wahrgenommen werden kann. Im weiteren Verlauf entdecken die Schüler die unterschiedlichen Eigenschaften von Wasser.

Je Unterrichtseinheit wird eine Eigenschaft oder Erkenntnis im Lerntagebuch dokumentiert und dort ergänzend zur Themenleine festgehalten.

Den Abschluss der Reihe bildet eine Collage, auf der festgehalten wird, inwieweit wir Menschen die Eigenschaften des Wassers nutzen können. Dadurch werden anfängliche Vermutungen entweder entkräftet oder ergänzt oder auch bestärkt.

2. Rahmenbedingungen/ Kompetenzstand

Die Klasse besteht aus 23 Schülern, 11 Mädchen und 12 Jungen.

19 der Schüler weisen einen Migrationshintergrund auf.

Die Klasse reagiert auf Regeln wie die sogenannten "Brezelarme" oder das akustische Signal der Triangel bzw. Glocke.

Der Lehramtsanwärter wird in den Unterrichtsstunden genauso akzeptiert wie die Klassenlehrerin, jedoch sind einige Schüler stark auf die Klassenlehrerin fixiert.

Die Form der Gruppenarbeit wurde in der vorherigen Unterrichtsreihe neu eingeführt und wird nun weiter eingeübt. Außerdem ist das Durchführen von Versuchen den Kindern der Klasse 1b relativ neu. Erst in der vorherigen Unterrichtsreihe wurde das Experimentieren neu eingeführt. Es bereitet ihnen sehr viel Spaß, aber sie müssen noch sehr stark gelenkt werden. Gerade das Verbalisieren der Vermutungen, Beobachtungen und Erklärungen erweist sich als schwierig.

Im Folgenden möchte ich einzelne Schüler und Schülergruppen mit ihren Besonderheiten beschreiben:

Schüler	Besonderheit	Konsequenz
	Diese Kinder besitzen bereits einen breiten Wortschatz und artikulieren ihre Gedanken präzise. Auch bei den	Jedes dieser Kinder ist heute einer Gruppe zugeordnet. Das bedeutet, dass eine Ausgewogenheit zwischen

	Verschriftlichungen zeigen sich bei ihnen deutliche Strukturen und Kompetenzen.	leistungsstärkeren und leistungsschwächeren Schülern gegeben ist und diese voneinander profitieren können.
	Die genannten Kinder besitzen einen Migrationshintergrund. Es gilt, diese gezielt hinsichtlich ihrer Zweitsprache Deutsch zu fördern.	In dieser Unterrichtsstunde bietet die Gruppenarbeit die Möglichkeit der Kommunikation. Der Austausch über das Experiment fördert die Sprache. Auch der Einstieg in die Stunde, durch das Wiederholen des Gelernten und der Phasen des Experimentierens, bietet gerade diesen Kindern die Möglichkeit einer Spracherfahrung über das eigentliche Ziel der Transparenz hinaus. Ein Wortspeicher zum Thema Wasser hilft dabei, eventuelle Defizite im Wortschatz aufzufangen.
	Xy ist ein Kind mit bulgarischem Migrationshintergrund. Seine Muttersprache ist jedoch türkisch. Bei seiner Einschulung sprach Steriyu nur ein paar Worte Deutsch.	Xybietet insbesondere der Austausch mit seinen türkisch-sprachigen Mitschülern, speziell xy, der in seiner Gruppe ist, die Möglichkeit, das neu Gelernte zu verstehen und die Lernziele zu erreichen. Für ihn ist eine klare namentliche Ansprache und eine langsame Aussprache wichtig. Ich werde dies ggfs. berücksichtigen.
	Xy hat einen polnischen Migrationshintergrund. Er ist ein sehr verhaltensauffälliges Kind, das große Schwierigkeiten hat,	Xy wird in der heutigen Unterrichtsstunde in einer Einzelbetreuung untergebracht sein. Eine Gruppenarbeit ist

	dem Unterricht zu folgen. Eine Mitarbeit mit seinen Mitschülern ist nur bedingt möglich. Besonders zu Beginn der ersten Klasse fiel er vor allem durch, vermutlich durch Epilepsie verursachte, Anfälle auf, bei denen er oft schrie und andere Kinder körperlich attackierte.	momentan nicht möglich, da er seine Mitschüler zu sehr ablenken würde und für diese Gruppe die Gefahr bestünde, das Lernziel nicht zu erreichen.
	Xy ist ein Kind mit syrisch-marokkanischem Migrationshintergrund. Ebenso wie xy ist er ein sehr verhaltensauffälliges Kind. Xy hat große Probleme seine Konzentration auf das Unterrichtsgeschehen zu richten. Im Umgang mit seinen Mitschülern ist er oft aggressiv (verbal und körperlich). Eine gemeinsame Arbeit mit anderen Kindern ist nur sehr schwer möglich.	Auch xy ist heute in einer Einzelbetreuung untergebracht. Bei ihm bestünde bei einer Gruppenarbeit momentan die Gefahr, dass er seine Mitschüler attackiert oder dass die Gruppe das Lernziel durch xy Verhalten nicht erreicht.

3. Sachinformation zur Lernaufgabe

Laut Archimedes „schwimmt, sinkt oder schwebt ein Gegenstand, wenn er leichter, schwerer oder genauso schwer ist wie die von ihm verdrängte Wassermenge. [...] Der Auftrieb eines Körpers in einer Flüssigkeit ist gleich dem Gewicht, der von ihm verdrängten Flüssigkeitsmenge."[2] Als Auftriebskraft wird die Kraft bezeichnet, die „in einer Flüssigkeit der Schwerkraft entgegenwirkt."[3]

---

[2] Klewitz, Elard: „Zur Didaktik des naturwissenschaftlichen Sachunterrichts vor dem Hintergrund der genetischen Erkenntnistheorie Piagets". Westarp Wissenschaften. Essen 1989. S. 45
[3] Ebd.

Diese Auftriebskraft ist auch vom Volumen des Gegenstands abhängig. Ob ein Körper schwimmt oder sinkt hängt von genau diesen Faktoren ab, nämlich „der Beziehung zwischen seinem Volumen und Gewicht im Verhältnis zum Gewicht des Wassers im gleichen Volumen".[4] Dieses wird als Dichte bezeichnet. Ob ein massiv ausgefüllter Körper (die Hohlkörper werden in dieser Unterrichtsstunde außer Acht gelassen) schwimmt, schwebt oder sinkt, ist vom Material (Holz, Gummi, Glas etc.) und seiner Dichte (d. h. wie viel Gramm ein Kubikzentimeter eines Körpers wiegt) im Vergleich zur Dichte der Flüssigkeit, in diesem Fall Wasser, abhängig. Wenn die Dichte eines Körpers größer ist, als die Dichte der Flüssigkeit, dann sinkt der Körper, wenn die Dichte kleiner ist, dann schwimmt er. Ist die Dichte des Körpers genauso groß wie die Dichte des Wassers, dann schwebt der Körper im Wasser. Neben dem Material und der Dichte der Flüssigkeit spielt jedoch auch die Form des eingetauchten Gegenstandes eine Rolle. Diese Besonderheit wird jedoch in dieser Stunde nicht behandelt, da es eine zu große kognitive Leistung für die Schüler darstellt.

Versuch/ Experiment:

Eine zentrale Methode im Sachunterricht stellt das Experimentieren dar. "Das Wort Experiment kommt vom lat. ‚experiri', d.h. versuchen, prüfen, erproben, im übertragenen Sinn erfahren, kennenlernen. Im heutigen Sprachgebrauch versteht man unter Experiment die ‚planmäßige, grundsätzlich wiederholbare Beobachtung von Naturvorgängen unter künstlich hergestellten, möglichst veränderlichen Bedingungen."[5]
Streng genommen setzt das Experimentieren eine Erkenntnis voraus, die durch das Experiment lediglich bestätigt oder widerlegt werden soll. **Versuche** hingegen müssen nicht unbedingt der Bestätigung einer Hypothese dienen. Ihre Aufgabe kann es ebenso sein, Phänomene zu präsentieren oder veranschaulichend zu wirken, indem ein theoretischer Sachverhalt nachvollzogen wird.[6] Im Unterricht verwende ich das Wort Experimentieren und erwähne es auch in dieser Niederschrift der Vereinfachung halber. Der Unterschied sollte jedoch herausgestellt sein.

---

[4] Ebd.
[5] Bäuml, Anna-Maria: Das Experiment im Sachunterricht der Grundschule. Michael Prögel Verlag Anbach. Holstein 1979. S. 40
[6] vgl. von Reeken, Dietmar (Hrsg.), 2011, S. 68

Neben der Differenzierung zwischen Versuch und Experiment gibt es noch weitere Unterteilungen, die für den Unterricht relevant sind. Eine Unterteilung ist die des Agierens. Ist der Hauptakteur des Versuchs die Lehrperson spricht man von *Demonstrationsversuchen*. Diese können aber auch als *Schülerversuche* realisiert werden. Ziel ist dann das selbständige und praktische Handeln der Schüler. Im Vordergrund dieser Unterrichtsstunde steht der *Schülerversuch*.

Versuche haben eine große Bedeutung für den Sachunterricht:
Sie
- dienen der Veranschaulichung und damit dem Verständnis des Gelernten
- können helfen, Schüler für Fragestellungen und deren Lösung zu motivieren
- unterstützen (natur-)wissenschaftliches Denken und durch sie können (natur-) wissenschaftliche Arbeitsweisen gelernt werden
- bieten die Möglichkeit, die Erfahrungen von Kindern aufzugreifen und sie mit fachwissenschaftlichen Verfahren zu verknüpfen.[7]

4. Didaktische Begründungen

4.1. Unterrichtskonzept

Kompetenzbereich	Lernchancen
	Jedes Kind hat die Chance,...
Sachkompetenz	- sein Vorwissen zum Thema anzuwenden.
	- selbständig eine Lösung des Problems zu finden.
	- sich seinem eigenen Lernzuwachs bewusst zu werden, indem es das heute Gelernte in eigene Worte fasst.
Methodenkompetenz	- eine Fragestellung aufzubauen und Methoden des naturwissenschaftlichen Forschens anzuwenden.

[7] vgl. von Reeken, Dietmar (Hrsg.), 2011, S. 70 ff

	- kooperativ in der Gruppe ein Experiment durchzuführen.
	- seine Beobachtungen und sein Ergebnis zu dokumentieren.
	- seine Arbeitsergebnisse und -prozesse zu präsentieren.
Selbstkompetenz	- selbständig zu agieren und praktische Handlungen durchzuführen.
	- sein Interesse an sachorientierten Naturphänomenen auszubauen.
Sozialkompetenz	- kooperativ entdeckend in der Gruppe verschiedene Problemlösestrategien zu entwickeln, indem es sich handelnd mit der Problemstellung auseinandersetzt.
	- sich in der Gruppe austauscht und berät.
	- durch seine Rolle Verantwortung übernimmt.

In der heutigen Unterrichtsstunde liegt der Schwerpunkt auf dem Anforderungsbereich II, wobei einige Schüler Anforderungsbereich I und III erfüllen. Die Ausgestaltung der Lernaufgabe wird im Folgenden im Hinblick auf die Anforderungsbereiche dargestellt:

	Anforderungsbereich I Reproduktion und Rezeption	Anforderungsbereich II Zusammenhänge herstellen	Anforderungsbereich III Reflektieren und Beurteilen
Schüleraktivitäten im Sinne der Lernaufgabe ergänzt durch Aussagen zu Material, Hilfen, Methoden, Sozialform ...	Die Schüler können verschiedene Gegenstände im Wasser beobachten und das Beobachtete im Versuchsprotokoll festhalten.	Die SuS können Vermutungen aufstellen und diese im Experiment überprüfen, indem sie erkennen, dass einige Materialien im Wasser schwimmen und einige sinken.	Die SuS können begründen, dass schwere Gegenstände sinken und leichte Gegenstände im Wasser schwimmen.

Den Kindern soll in dieser Unterrichtsreihe die Möglichkeit gegeben werden, anhand **vielfältiger Versuche** mit bereit gestelltem Material handelnd eigene Erfahrungen zu sammeln. Dadurch sollen unter anderem auch diese Grundlagen für das Erkennen der oben erwähnten Probleme gelegt werden. Die Kompetenzen im Bereich des Experimentierens als Methode werden erweitert. Die einzelnen Phasen des Experimentierens sind eingeübt und transparent im Klassenraum anhand von Piktogrammen sichtbar. Zunächst schlüpfen die Kinder vor jeder neuen Unterrichtsstunde, in der "experimentiert" wird, in die Rolle eines Wasserforschers. Dies erhöht die eigene Motivation und stärkt das Selbstkonzept. Optisch wird dies durch die **Forschermedaille** kenntlich gemacht.

Beim Experimentieren arbeiten die Schüler in Gruppen zu je 4 Schülern. Die **Gruppenarbeit** ist den Schülern aus der vorhergegangenen Unterrichtsreihe bekannt. Für die Arbeit in Gruppen wurden mit den Schülern Verhaltensregeln erarbeitet (Piktogramme im Klassenraum). Die Schüler übernehmen unterschiedliche Aufgaben innerhalb ihrer Gruppe. Dazu erhalten sie verschiedene **Rollen-Kärtchen**. So gibt es einen "Materialholer", der dafür zuständig ist, die Gruppe mit dem benötigten Material zu versorgen, welches sich in einer Materialkiste befindet. Auch bringt dieser nach dem Versuch die Materialkiste zurück. Daneben gibt es einen "Leise-Manager", der die anderen Gruppenmitglieder, wenn nötig, darauf hinweist leise zu arbeiten ebenso wie einen "Schreiber", der sowohl die Vermutungen (und in anderen Experimenten die Beobachtungen), als auch die Ergebnisse auf dem **Versuchsprotokoll** dokumentiert. Das Versuchsprotokoll ist so konzipiert, dass es eine für die Schüler nachvollziehbare Struktur aufweist. Diese wird vor allem durch die vorhandenen kleinen Piktogramme gewährleistet, die die Schüler durch die einzelnen Experimentierphasen führen (siehe Anhang).

Begleitend zur Unterrichtsreihe führen die Schüler ein **Lerntagebuch zum Thema Wasser**, in dem sie alle neuen Erkenntnisse dokumentieren. Die Schüler erhalten so die Möglichkeit, ihre Lernentwicklung und Erkenntnisgewinnung festzuhalten. Dies wirkt sich besonders motivierend auf die weitere "Forscherlaufbahn" der Kinder aus. Das Lerntagebuch würdigt nicht nur die Leistungen der Kinder, es bietet ebenso die Möglichkeit der Einsichtnahme in Lernprozesse und dient somit auch als Diagnoseinstrument für weiteres Lernen.

4.2. Kompetenzerwartungen und Anforderungsbereiche[8]

Im Folgenden möchte ich Inhaltsbezogene Kompetenzen, die sich in meiner Unterrichtsstunde ergeben, aus dem Lehrplan 2008 auflisten.

Bereich: Natur und Leben, Schwerpunkt: Wärme, Licht, Feuer, **Wasser**, Luft, Schall: Kompetenzerwartungen am Ende der Schuleingangsphase:

- Die Schülerinnen und Schüler entdecken Eigenschaften in Experimenten (z.B. von **Wasser** und Luft, Wärme und Kälte, Licht und Schatten)
- Die Schülerinnen und Schüler planen und führen Versuche durch und werten Ergebnisse aus (z.B. Licht, Feuer, **Wasser**, Luft, Schall)

---

[8] Vlg. *Ministerium für Schule und Weiterbildung des Landes Nordrhein-Westfalen*: Richtlinien und Lehrpläne für die Grundschule in Nordrhein-Westfalen. Ritterbach Verlag, 1. Auflage 2008, S. 43

Eine Legitimation der Unterrichtsstunde lässt sich im Lehrplan Sachunterricht im Bereich Natur und Leben finden:

"Die Schülerinnen und Schüler erleben, beobachten, untersuchen und deuten Naturphänomene und erfahren dabei Möglichkeiten und Verfahren, Untersuchungen selbständig zu planen, Beobachtungen zu ordnen, über die eigenen Wahrnehmungen mit anderen zu kommunizieren und neu gewonnene Kenntnisse für sich und andere zu sichern."

Bei der Auseinandersetzung mit den Inhalten des Lehrplans kommt den Kompetenzen im Hinblick auf naturwissenschaftliche Verfahren besondere Bedeutung zu. Hierzu gehören u.a.:
Betrachten, Beobachten, Beschreiben, Untersuchen, Vergleichen, sensorische Wahrnehmungen, Dokumentieren, Protokollieren, Formulieren von Vermutungen und Deutungen, Durchführung und Auswertung von Versuchen, Begründen und Überprüfen von Aussagen, Formulieren und Bewerten von Erklärungen, sachkundiges Zeichnen.[9]

Bezüglich des sozialen Lernens werden im Lehrplan Sachunterricht diese Kompetenzen hervorgehoben:

„Die Schülerinnen und Schüler erfahren in den unterschiedlichen Arrangements, wie man Sachbereiche der eigenen Lebenswelt erkunden, erforschen und Aufgaben erfolgreich gemeinsam planen und bearbeiten kann. Teamfähigkeit, Arbeitsteilung und soziale Kooperation werden im Sachunterricht gezielt gefördert."[10]

Diesbezüglich habe ich in meiner Unterrichtsstunde bewusst die kooperative Gruppenarbeitsform gewählt. Die Schüler erlernen die oben beschriebene Teamfähigkeit und teilen die Arbeit in den Gruppen durch einzelne Zuständigkeitsbereiche auf. Sie führen die Versuche eigenständig in einer handlungsorientierten Lernumgebung aus.

---

[9] Perspektivrahmen Sachunterricht, naturwissenschaftliche Perspektive, S. 18
[10] Ebd., Aufgaben und Ziele, Lernen und Lehren, S. 39

„Der Sachunterricht leistet [...] einen wesentlichen Beitrag zur Identitäts- und Persönlichkeitsentwicklung und befähigt damit zur Übernahme von Verantwortung und zur aktiven Teilnahme an der Gestaltung der Lebenswirklichkeit."[11]

Die oben beschriebene Übernahme von Verantwortung kann in meiner Unterrichtsstunde durch die vorgegebenen Rollenkarten aber auch durch die Einhaltung der zuvor erarbeiteten Regeln erreicht werden.

4.3. Begründungen der methodischen Entscheidungen und der Medienwahl

Zu Beginn wird die Unterrichtsstunde der Reihe „Rund ums Wasser" für die Schüler transparent gemacht. Dies geschieht an Hand der Themenleine im Klassenraum, an dem mit Piktogrammkarten die einzelnen Planungseinheiten (Forscherfragen) visuell dargestellt sind. Auch werden noch einmal die einzelnen Phasen des Experimentierens angesprochen sowie der bisherige Lernzuwachs auch anhand eines Lernplakats wiederholt.

Die Erarbeitungsphase erfolgt in der Sozialform der Gruppenarbeit. Diese Gruppen bestehen aus 4 Schülern je Gruppe. Bezüglich der Sozialform habe ich mich für die Gruppenarbeit entschieden, da hier ein Zusammengehörigkeitsgefühl vermittelt werden kann und die sozialen Kompetenzen erweitert werden können.

Innerhalb der Gruppen legte ich im Vorfeld einen Materialholer, einen Schreiber und einen Leise-Manager fest. Bei letzterem war es mir wichtig, dass diese Schüler speziell diese Rolle übernehmen, um eine Atmosphäre zu garantieren, in der störungsfrei gearbeitet werden kann.

Die Gruppeneinteilung erfolgte danach, dass die Gruppen von mir vorgegeben wurden. Vor allem die Schüler, die die „Materialholer" werden sollten, wurden vorab bewusst ausgewählt, da diese sich sonst sehr zurückhalten, wenn es darum geht, Material zu beschaffen oder Arbeitsmaterial hervorzuholen.

---

[11] Ebd., Aufgaben und Ziele, Der Beitrag des Faches Sachunterricht zum Bildungs- und Erziehungsauftrag, S. 39

Weiter wurde beachtet, dass das Klima in der Gruppe lernförderlich ist und dass Schüler mit Aufmerksamkeitsschwäche oder Verhaltensauffälligkeiten durch andere Schüler zum Arbeiten angeregt werden können.

Das von mir ausgewählte Material ist den Schülern vertraut, da es sich um Alltagsgegenstände handelt. Die Materialien, die den Schülern vorgelegt werden sind die Basismaterialien, aus denen viele andere Gegenstände bestehen. Die **Murmel** steht hier für den **Materialbereich Glas**, das **Cent-Stück** für den **Materialbereich Metall**, das **Lego-Teil** und das **Radiergummi** für den **Materialbereich Plastik/Kunststoff** und das **Streichholz** für den **Materialbereich Holz**. Außerdem wird den Kindern als Material **Styropor** zur Verfügung gestellt. Da der Versuch motorisch nicht anspruchsvoll ist, werde ich nur wenn es nötig ist Hilfestellung geben.

Zum Zusammentragen der Gruppenergebnisse habe ich den Sitzkreis gewählt. In dieser Sozialform können sich alle Schüler gleichermaßen sehen und gut miteinander auf einer Ebene kommunizieren. Im Sitzkreis werden noch einmal die einzelnen Phasen des Experiments wiederholt, welches die Schüler gemacht haben. Danach erfolgt das Zusammentragen der Ergebnisse.

Ich möchte betonen, dass das Ziel der Stunde nicht die Aneignung der Fachbegriffe Dichte und Auftrieb ist, sondern nur die Erkenntnis über das Verhalten der Materialien im Wasser. Es wird nicht angestrebt, eine abschließende Antwort auf Fragen zu geben oder Probleme abschließend zu lösen. Es geht vielmehr darum, Probleme aufzuzeigen, und die Schüler durch offene Fragen zum Lernen anzuregen.

Die Schüler haben danach die Möglichkeit, ihren Lernzuwachs in ihren Lerntagebüchern zu dokumentieren.

5. Verlaufsplan

Phase	Sozialform	Unterrichtliche Schritte	Didaktische Überlegungen	Materialien/Medien	Zeit
Einstieg	Plenum	- Begrüßung - Der LAA stellt den Besuch vor. - Der LAA bittet die SuS, sofern noch nicht geschehen, die **Forschermedaillen** umzuhängen. - Der LAA lässt das **Thema der Reihe** benennen und den **bisherigen Lernzuwachs** von ausgewählten Schülern an der Themenleine und am **Lernplakat (Kann Wasser sich verändern?)** wiederholen. - Der LAA gibt die **Forscherfrage des Tages "Was schwimmt? Was sinkt?"** bekannt (Verweis auf die **Themenleine**)	- Die Forschermedaille erwirkt bei den SuS eine hohe Motivation, da sie wissen, dass sie in die Rolle eines Wasserforschers schlüpfen werden. - Das Wiederholen des bisherigen Lernzuwachses, die Experimentier-Piktogramme und die Themenleine geben Sicherheit, Transparenz und Motivation.	- Forschermedaillen - Lernplakat "Kann Wasser sich verändern?" - Themenleine - Roter Faden (Phasen des Experimentierens in Form von Piktogrammen)	8-10 Minuten
Erarbeitung	Gruppenarbeit	- Der LAA erinnert an die **Regeln bei der Gruppenarbeit** und an die Aufgaben der "**Rollen" (Rollen-Kärtchen)** sowie das **Versuchsprotokoll.** - Der LAA "läutet" die **Phase des Vermutens** durch ein akustisches Signal ein. In dieser Zeit stattet er die Gruppentische mit Schüsseln aus, die mit Wasser gefüllt sind. - Nach der Vermutungsphase (3 Minuten) beginnt die **Phase des Experimentierens.** Die Materialholer holen dazu die Materialkisten an den Gruppentisch. - Sie SuS führen das Experiment durch. Ggfs. wird der LAA Hilfestellung bei der Durchführung geben. - Während des Experimentierens dokumentiert der "Schreiber" einer jeden Gruppe die **Beobachtungen und Ergebnisse** auf dem Versuchsprotokoll. - Nach einem weiteren akustischen Signal bringt der Materialholer das verwendete Material zurück.	- In dieser Phase bestimmt die Vermutung und das Experimentieren das Geschehen. - Erarbeitungsphase in Gruppenarbeit: Die Schüler können in kooperativen Gruppen die Vorteile des kooperativen Lernens nutzen und gemeinsam innerhalb ihrer Gruppe aktiv, selbstbestimmt und handlungsorientiert arbeiten. - Die Rollen innerhalb der Gruppen sollten zu einer produktiven Arbeitsatmosphäre führen und stärken die sozialen Kompetenzen (Übernahme von Verantwortung).	- Rollen-Kärtchen - Versuchsprotokoll - Materialkiste mit folgendem Material: Radiergummi, Steine, Murmeln, Centstücke, Legosteine, Streichhölzer, Styropor, Papier	20 Minuten

Sicherung	Sitzkreis	- Der LAA bittet die Gruppen der Reihe nach in den Sitzkreis. Der "Schreiber" bringt das Versuchsprotokoll mit in den Kreis. - Im Sitzkreis wiederholt der LAA gemeinsam mit den SuS die einzelnen Phasen des Experiments, welches die SuS durchgeführt haben mit Hilfe der Piktogramme. - Gemeinsam werden die Ergebnisse zusammengetragen, welche Materialien schwimmen und welche sinken. Der "Schreiber" liest dazu jeweils das auf dem Versuchsprotokoll festgehaltene Ergebnis vor. - Weitergehend wirft der LAA die Frage auf, woran das denn liegen könnte, dass manche Materialien untergehen und manche schwimmen.	- Es erfolgt eine Sicherung der erarbeiteten Ergebnisse. - Der Sitzkreis bietet die Möglichkeit, die Ergebnisse allen Schülern zugänglich zu machen. Auch kann im Sitzkreis eine bessere Kommunikationsebene erreicht werden. - Die Wiederholung der Experimentierphasen gibt noch einmal Sicherheit. - Rückführung zum Stundenziel bzw. der Forscherfrage wird den Schülern zunächst die Möglichkeit gegeben, ihre Ergebnisse vorzutragen. - Die Forscherfrage kann nun von jedem Schüler eindeutig beantwortet werden, womit das Lernziel und der Lernzuwachs erreicht ist.	- Versuchsprotokoll - Piktogramme "Phasen des Experimentierens"	10-12 Minuten
Reflexion	Sitzkreis	- Die SuS erhalten die Möglichkeit, sich zum Lernzuwachs und zur Arbeit in den Gruppen in Form des Daumens zu äußern. Dabei stellt der LAA die Fragen **"Habe ich heute etwas gelernt?"** und **"Wie hat die Arbeit in den Gruppen funktioniert?"** Anmerkung: - Die SuS erhalten in der Folgestunde die Möglichkeit ihren Lernzuwachs in ihrem Lerntagebuch zu dokumentieren.	- Die Reflexion bietet folgende Chancen: Erlebnisse bewusst verarbeiten; Erfahrungen nachhaltig sichern; Das eigenen Verhalten kritisch betrachten; Meinungen und Gefühle unkommentiert zum Ausdruck zu bringen; Die eigene Position in der Gruppe wahrnehmen; Die anderen und die Gruppe besser verstehen;		3-7 Minuten

6. Literatur

Ministerium für Schule und Weiterbildung des Landes Nordrhein-Westfalen: Richtlinien und Lehrpläne für die Grundschule in Nordrhein-Westfalen. Ritterbach Verlag, 1. Auflage 2008.

Gesellschaft für Didaktik des Sachunterrichts (GDSU): Perspektivrahmen Sachunterricht. 2002. Klinkhardt-Verlag.

Kaiser, Astrid: Praxisbuch handelnder Sachunterricht. 2007. Schneider Verlag Hohengehren, Baltmannsweiler.

von Reeken Dietmar (Hrsg.): Handbuch Methoden im Sachunterricht. 2011. Scheider Verlag Hohengehren, Baltmannsweiler.

Klewitz, Elard: Zur Didaktik des naturwissenschaftlichen Sachunterrichts vor dem Hintergrund der genetischen Erkenntnistheorie Piagets. 1989. Westarp Wissenschaften, Essen.

Bäuml, Anna-Maria: Das Experiment im Sachunterricht der Grundschule. 1979. Michael Prögel Verlag Anbach, Holstein.